L'HYGIÈNE NAVALE

DANS SES RAPPORTS AVEC L'ÉCONOMIE POLITIQUE, COMMERCIALE,

ET AVEC L'HYGIÈNE PUBLIQUE.

L'HYGIÈNE NAVALE

DANS SES RAPPORTS AVEC L'ÉCONOMIE POLITIQUE, COMMERCIALE,

ET AVEC L'HYGIÈNE PUBLIQUE,

OU

NOUVELLES CONSIDÉRATIONS

SUR LA MATIÈRE, LE BUT, L'ENSEIGNEMENT ET L'APPLICATION
DE CETTE SCIENCE,

Dédiées à la Société Royale de Médecine de Marseille,

Et lues à ce Corps savant dans sa séance du 18 octobre 1845,

PAR LE

D' ÉVARISTE BERTULUS,

Chevalier de la légion d'honneur, Médecin de la Marine royale, Professeur
d'Hygiène navale à l'École préparatoire de Médecine de Marseille, Membre
titulaire de la Société royale et de la Société académique de Médecine de
cette ville; Correspondant de la Société royale de Médecine de Bordeaux, de la
Société de Médecine pratique et de la Société Médico-chirurgicale de Mont-
pellier, de l'Académie royale de Médecine et de Chirurgie de Cadix, de la
Société des Sciences du département du Var, etc.

L'hygiène navale n'est encore constituée
qu'à demi : c'est une science toute d'avenir,
destinée à exercer la plus grande influence
sur la prospérité générale des peuples.

MARSEILLE.

TYPOGRAPHIE BARLATIER-FEISSAT ET DEMONCHY,
RUE CANEBIÈRE, 19.

1845.

L'HYGIÈNE NAVALE

DANS SES RAPPORTS AVEC L'ÉCONOMIE POLITIQUE, COMMERCIALE,

ET AVEC L'HYGIÈNE PUBLIQUE.

La vie du marin n'est qu'une longue agonie, et les tempêtes de l'Océan ne sont pas les seuls dangers qu'il soit obligé d'affronter. Les causes de destruction sont pour lui aussi nombreuses que variées. Cosmopolite par essence, à combien de vicissitudes n'est-il pas soumis pendant le cours de sa rude et périlleuse carrière, tantôt dans les climats brûlants qui dépravent et tarissent les sources de la vie, tantôt dans ces contrées hyperboréennes où rien ne peut croître ni exister. Précieux instrument de la prospérité des peuples et de la puissance des États, qu'obtient-il en échange des immenses services qu'il rend à la société? bien peu de chose. A peine s'occupe-t-elle de lui ; le plus souvent il meurt pauvre, oublié et cependant couvert d'infirmités qui attestent son courage et son dévouement. Ainsi finit, dit-on, l'illustre navigateur qui, devinant des mondes nouveaux, ouvrit à la vieille Europe une route de richesses et de prospérité; ses cendres presque ignorées reposent aujourd'hui à la Havane, premier théâtre de sa gloire et dernier fleuron d'une couronne jadis resplendissante. D'amères et tristes pensées viennent assaillir le voyageur lorsqu'il contemple le tombeau mesquin qui renferme cette noble dépouille. *Quel mo-*

nument assez somptueux l'Espagne reconnaissante aurait-elle pu élever à la hauteur du génie de Colomb?

Pour acquérir la preuve de cette coupable indifférence de la société envers ses membres les plus utiles, il suffit de s'adresser les questions suivantes : *Quels sont les travaux scientifiques qui ont été spécialement entrepris à notre époque pour sauvegarder la santé et la vie des marins, dans les contrées les plus malsaines du globe? L'hygiène navale est-elle constituée d'une manière définitive? Encourage-t-on comme on le devrait les progrès de cette importante branche de l'art de guérir?*

Colbert, qui fit tant pour la prospérité de la France et pour la gloire de son roi, comprit le premier que l'intérêt que réclame la conservation des marins doit être proportionné à l'importance du rôle qu'ils remplissent. Aussi, après avoir tiré la marine royale du néant, racheté nos colonies, dressé le plan d'une compagnie des Indes, et donné toute l'extension possible au commerce, *le grand ministre de Louis XIV prescrivit l'embarquement de chirurgiens sur tout navire, même pécheur, faisant voyage au long cours, et encouragea l'enseignement de l'hygiène navale, non-seulement dans les ports militaires, mais encore dans les grandes places maritimes et commerciales du royaume. Pensant, avec raison, qu'un enseignement aussi spécial ne pouvait être confié qu'à des hommes spéciaux, il le fit exercer par des médecins de la marine.*

Marseille ne fut pas la dernière à profiter du bénéfice de cette institution éminemment philantropique ; l'hygiène navale y fut professée pendant très-long-temps par les médecins des galères qui stationnaient dans la partie du port nommée *arsenal*. C'était à ces leçons que venaient s'instruire les jeunes médecins de la marine du commerce. Plus tard, cette chaire fut transportée à l'Ecole secondaire de Médecine qu'on venait d'organiser ; mais, à la création des écoles préparatoires, elle fut déclarée inutile et supprimée comme telle.

Aujourd'hui qu'un Ministre éclairé, appréciateur de la pensée du grand Colbert et jaloux, comme lui, des progrès des sciences conservatrices , a voulu rendre-à Marseille une institution dont il comprend la haute utilité. Pourra–t–on trouver mauvais que le médecin qu'il a chargé d'enseigner l'hygiène navale , s'attache , avant tout , à faire bien ressortir l'extrême importance que cet enseignement a acquis de nos jours ; les résultats avantageux qui doivent en découler et les principales causes de la défaveur qui a pesé sur lui jusqu'ici; *j'ai servi 15 ans sur les vaisseaux de l'État et ma compétence en matière d'hygiène navale ne peut être contestée. J'entends dire journellement que cette branche de la médecine est stérile , bornée, et même qu'elle n'existe pas; je viens détruire ces graves erreurs, fruits de l'ignorance et de la préven-tion.* De courtes lignes me suffiront pour atteindre ce but , car la vérité déteste le verbiage; je démontrerai en peu de mots, et j'ose dire sans réplique que l'hygiène navale est une science immense toute d'avenir, destinée à exercer la plus grande influence sur la prospérité générale des peuples, mais dont les matériaux les plus importans sont épars. *De ce que l'hygiène navale n'est encore cons-tituée qu'à demi , faut-il conclure qu'elle n'existe pas ? Un tel rai-sonnement serait absurde. Lorsqu'un édifice en est à peine à sa base comment peut-il se dévoiler aux regards des passanst ? Ne faut-il pas qu'il ait quitté le sol pour qu'on puisse le voir et le juger?*

Au reste, les idées que je viens exposer ici et dont je ne décline pas la responsabilité, ont déjà été soumises par moi à des officiers de santé en chef de la marine, qui les ont approuvées et encoura-gées ; mon honorable et savant ami M. Jules Cloquet ; M. Paul Gaimard , membre de l'Institut et naturaliste d'un haut mérite , partagent aussi ma manière de voir sur la nécessité de constituer enfin l'hygiène navale, et sur les avantages sociaux qui doivent résulter de son enseignement et de ses progrès. Ces diverses ap-probations , émanées d'hommes compétents dans la matière ou doués de talents supérieurs, sont pour moi un appui moral aussi solide que précieux, qui me détermine aujourd'hui à élever la voix dans le sein de la Société Royale de Médecine de Marseille, pour réclamer le double secours de ses lumières et de son expé-rience; c'est à elle à juger en dernier ressort, si mes idées sont bonnes ou mauvaises, et si leur application peut être véritablement utile à la science et à l'humanité (1).

—◦◦◦—

Ce fut vers le milieu du dix-huitième siècle que l'on vit paraître les premiers écrits sur l'hygiène navale. Lind, Mead, Duhamel, Dumonceau, Poissonnier, Desperierres, Rouppe, Milmann, Pringle et Huxham, écrivirent sur les maladies des gens de mer et semèrent, dans leurs ouvrages, quelques préceptes d'hygiène ; mais les seuls traités un peu étendus et véritablement estimables que nous possédions sur cette science appartiennent à notre époque, et sont dus à trois médecins de la marine royale, MM. Délivet, Kéraudren et Forget, le premier qui est très-peu connu à cause de l'extrême rareté de son travail, et qui a du reste précédé les deux autres, a traité la matière avec beaucoup de méthode, de soin et de discernement ; c'est une justice que je lui rends d'autant plus volontiers, que les auteurs qui l'ont suivi semblent avoir pris à tâche de n'en pas dire un seul mot, de le vouer à un profond oubli ; son ouvrage qui a été imprimé à Gênes en 1808, et qui était digne d'un meilleur sort, est un fort volume in 8° de 500 pages, qui a pour titre : *Principes d'hygiène navale*. Notre illustre Larrey en a fait un éloge bien mérité dans un long rapport

(1) La Société Royale de Médecine leur a fait l'accueil le plus flatteur. On pourra s'en assurer en lisant le compte rendu succinct de sa séance du 18 octobre qui termine ce travail.

présenté à la Société de Médecine de Paris, au nom d'une commission composée de MM. Double, Émonnot et Sédillot jeune. Or, le jugement de Larrey, en matière d'hygiène navale, mérite d'être pris en haute considération; si l'on se rappelle qu'avant de servir dans les armées de terre, cet immortel praticien avait navigué long-temps dans la marine comme chirurgien-major.

Je ne dois pas oublier de citer aussi, parmi les meilleurs ouvrages d'hygiène navale qui appartiennent à notre époque, le travail intéressant publié en 1828 par M. Da-Olmi; on y trouve des documents d'une haute importance et qui se rattachent à l'hygiène publique, d'excellentes descriptions du scorbut, du tétanos, de la fièvre jaune, du choléra-morbus de l'Inde, etc.

Les travaux de MM. Délivet, Kéraudren, Da-Olmi et Forget, ont rendu de grands services à la marine et sont les seuls qui méritent d'être consultés aujourd'hui, parce qu'ils sont, le dernier surtout, à la hauteur de nos connaissances physiques et en rapport avec les premiers besoins des navigateurs de notre époque. Toutefois je ne craindrai pas d'avancer ici que ces savants médecins n'ont pas exactement apprécié la matière de l'hygiène navale, et n'ont, par suite, comblé que d'une manière incomplète, l'une des plus fâcheuses lacunes de la médecine.

En effet : comme sujet de l'hygiène, l'homme de mer doit être considéré de deux manières différentes : 1° sous le rapport des divers climats que sa rude profession l'oblige à fréquenter ; 2° sous celui de l'habitation du vaisseau lui-même, et par conséquent des influences physiques et morales qui en sont le résultat. Or, *cette dernière partie de l'hygiène navale est la seule dont se soient occupés les auteurs que je viens de citer, et je n'aurai pas de peine à démontrer qu'abstraction faite de son utilité, qui est incontestable, elle est la plus restreinte, la moins intéressante, puisqu'elle ne considère le marin que pendant qu'il est à la mer et dans les meilleures conditions pour conserver sa santé.*

J'ai navigué 15 ans et, pendant ce long intervalle, je n'ai pas vu une seule épidémie se développer spontanément à la mer ; chose plus remarquable encore, je n'ai pas vu surgir un seul cas de scorbut, j'ai fait cependant de longues traversées et de pénibles croisières (1).

D'un autre coté, j'ai pu vérifier aussi, pendant le cours de mes pérégrinations, que le séjour des ports n'est jamais sans inconvénients pour les matelots. La gale, la syphilis ont quelquefois envahi sur certaines parties du littoral de l'Espagne, de l'Italie, du Portugal, etc. l'équipage qui m'était confié; dans d'autres circonstances, la fréquentation de parages malsains a fait naître sur mon bord le scorbut, le choléra-morbus, la fièvre jaune, les fièvres intermittentes simples et pernicieuses (2).

Mais si, au lieu de considérer simplement le marin comme

_____

(1) Si les anciens marins pouvaient revenir parmi nous, de pareilles assertions leur sembleraient incroyables; j'ai encore sous les yeux les journaux de bord, d'un frère de mon père, officier de marine, qui servait sous les ordres de M. le comte de Guiche. J'y vois que, pendant une longue croisière dans l'Océan et sous nos latitudes, le vaisseau qu'il montait jetait à la mer trois ou quatre hommes par mois. A quelle maladie succombaient-ils? sans doute au typhus alors si fréquent, aujourd'hui inconnu à bord de nos bâtiments.

(2) Ma manière de voir sur les dangers plus grands qui résultent du séjour dans les ports, est partagée par l'immense majorité des médecins de la marine: depuis bon nombre d'années, dit M. Levicaire, second médecin en chef de la marine (thèse sur l'hygiène navale), on ne rencontre plus de maladies endémiques sur nos bâtiments. Ainsi, la fièvre jaune des Antilles doit être rapportée à un foyer d'infection, dont la source est primitivement hors du bâtiment, la dyssenterie, le choléra-morbus de Batavia à des effluves marécageux et à une chaleur excessive; mais lorsque l'atmosphère n'est pas sensiblement altérée, on peut affirmer que, dans l'état actuel de tenue des bâtiments français, il n'y existe aucune cause matérielle de maladie.

« Je me plais à proclamer, écrivait y a peu de temps à la Société Académique de Médecine, mon ami M. Fleury, chirurgien-major du *Triton*, que l'hygiène personnelle et matérielle est si bien observée à bord des vaisseaux, que je n'oserais affirmer y avoir vu naitre spontanément un seul cas de gale; j'ai cependant passé sur la mer quinze ans de ma vie. »

On trouve des assertions semblables dans les ouvrages de MM. Délivet, Forget, Kéraudren; les bornes de ce travail m'empêchent de les reproduire ici.

l'habitant de la mer ; l'hygiène navale l'envisage comme le ci-
toyen du monde entier, comme le cosmopolite par excellence ; elle
franchit alors les limites étroites dans lesquelles on l'a injuste-
ment retenue jusqu'ici et son domaine ne connaît plus de bornes.
Il renferme, en effet, l'hygiène générale et par conséquent la
topographie médicale de toutes les contrées maritimes du globe
où peuvent aborder nos vaisseaux, l'étiologie et la prophylac-
tique des maladies qui leur sont propres. S'il est vrai, ainsi que
je viens de le dire, que l'atmosphère de certains pays, la nature
de leur sol, les mœurs de leurs habitants, le genre de vie qu'y
mènent les équipages, sont les seules causes des épidémies qui les
moissonnent ou des infirmités qui les affligent ; pourquoi borner
l'hygiène navale au soin de la tenue du personnel et du matériel
du vaisseau, pourquoi s'obstiner à ne pas reconnaître que son
point de départ obligé est l'hygiène générale et la topographie
médicale des côtes ?

L'immortel Hippocrate, dont le génie a posé les fondements
de l'art de guérir, n'aurait pas procédé autrement, et on ne
saurait en douter lorsqu'on a lu et médité son sublime traité
des airs, des eaux et des lieux, qui peut être considéré comme
l'introduction à l'hygiène de tous les peuples et de tous les temps.
La topographie médicale dont le père de la médecine nous a
tracé les principes et les règles, doit être l'étude principale des
hommes de l'art, s'ils veulent arriver non-seulement à préve-
nir les maladies, mais encore à en arrêter la marche lorsqu'elles
se sont développées. Cette vérité n'est pas seulement applicable
à la médecine navale, mais encore à celle de toutes les contrées,
de toutes les localités, de toutes les classes de la société.

Si la matière de l'hygiène navale avait été comprise ainsi que
je viens de le dire, l'Asie, l'Afrique et l'Amérique n'auraient pas
englouti des millions de nos semblables qui ont trouvé la mort
dans des pays où ils étaient allés chercher la fortune ou la gloire.
De nos jours encore, que d'individus moissonnés dans de lointains
climats et par des maladies inconnues, qui éviteraient ce triste
sort, si les causes de ces maladies leur étaient dévoilées.

Il serait donc à souhaiter, pour la conservation du genre humain et pour la prospérité du commerce, que les médecins qui habitent ou qui fréquentent les contrées maritimes des deux hémisphères, ne négligeassent jamais d'en faire connaître la topographie médicale. L'hygiène de l'homme de mer, fondée sur une base aussi solide, aussi intéressante, serait désormais la véritable science de l'humanité. Quels avantages sociaux ne découleraient pas de son perfectionnement et de son application ! Je vais énumérer les plus saillants :

D'abord, *grande économie d'hommes résultant de l'appréciation exacte de la nature des endémies propres à certaines contrées, des saisons où elles sévissent, des circonstances atmosphériques qui les réveillent ou les compriment, des meilleurs moyens de s'en préserver. Ensuite, adoption d'un système sanitaire général, basé, non sur des probabilités, mais bien : 1o sur la connaissance précise du mode de propagation ou de reproduction des maladies dites pestilentielles ; 2o sur la surveillance particulière qu'exerceraient des médecins spécialement versés en hygiène navale, et dont la mission serait d'indiquer aux capitaines toutes les mesures susceptibles d'empêcher l'importation de ces maladies sur les vaisseaux et par suite dans nos climats.*

Certes, ces résultats sont assez importants pour mériter d'être pris en considération. Que sont-ils néanmoins auprès de ceux que nous promettrait l'avenir ? *Celui-ci ne nous amènerait rien moins que l'assainissement complet des contrées les plus insalubres du globe, parce que l'hygiène navale, en recherchant les sources des épidémies, des endémies, et en les indiquant à l'autorité, mettrait celle-ci sur la voie des mesures à prendre pour les détruire ; et de l'application graduelle, éclairée, de ces mesures, résulterait de toute nécessité, et au bout d'un temps variable, l'abolition complète des quarantaines, abolition qui sera intempestive tant que l'hygiène navale ne sera pas constituée, ainsi que je l'ai dit, et tant que des médecins spéciaux ne seront pas chargés d'en faire exécuter les lois à bord des bâti-*

ments qui trafiquent aux Antilles, dans l'Inde, en Égypte, etc.

Si l'on m'opposait, à propos de l'embarquement de ces médecins, que les charges qui pèsent sur les armateurs sont déjà assez fortes pour qu'on ne cherche pas à les augmenter encore, je répondrais que la présence de ces praticiens serait, dans la grande majorité des cas, un élément d'économie. J'ai vu, pendant mon séjour à la Havane, des équipages du commerce frappés par la fièvre jaune et transportés dans des maisons de santé, où les armateurs payaient jusqu'à dix ou quinze francs par jour pour chaque malade; si l'on joint à cette énorme dépense les frais que nécessitaient le déchargement et le chargement des marchandises par les gens du pays, on verra qu'il eût été préférable pour les armateurs d'avoir des médecins. Il faut noter aussi que, pendant que ces bâtiments du commerce étaient ainsi travaillés par la fièvre jaune, les bâtiments de guerre mouillés dans le même port conservaient une santé parfaite (1). Pourquoi? Parce qu'il y avait sur tous ces bâtiments des médecins qui faisaient respecter les lois de l'hygiène, qui indiquaient aux commandants l'heure du travail, celle du repos, la nourriture et l'habillement nécessités par le climat, enfin les foyers d'infection qui existaient dans telle ou telle autre partie de la rade, et dont il était prudent de s'éloigner.

Du reste, les médecins qui suivraient les bâtiments du commerce dans les pays malsains ne devraient pas être absolument à la charge des armateurs ; l'État leur devrait au moins autant que ces derniers, si l'on considère que leur principal devoir serait d'assurer la stricte exécution des lois sanitaires, et de garantir la salubrité publique dont ils seraient les véritables agens. Arrêtons-nous quelques minutes sur cette dernière idée.

La question des quarantaines, qui est toute palpitante d'intérêt et d'actualité, est autant du ressort de l'hygiène navale que de celui

---

(1) Le bâtiment que je montais était le seul qui fît exception, parce que son état sanitaire avait été troublé à la Martinique par l'embarquement de 400 soldats, au milieu d'une épidémie de fièvre jaune. Je protestai en vain contre cet embarquement, qui eut les suites que j'avais prévues.

de l'hygiène publique. Pour s'en convaincre il suffit de lire l'histoire des plus grands fléaux qui, dans les temps anciens et modernes, ont affligé l'Europe. Tous reconnaissent pour cause l'importation.

La lèpre qui désola nos pères et qui couvrit la France d'hôpitaux, est originaire de l'Egypte et de l'Arabie.

La variole a été importée en Europe par les Sarrasins et transportée en Amérique par les Européens.

Selon une opinion très-accréditée, la syphilis nous a été apportée du nouveau monde par les compagnons de Christophe Colomb.

Tous les médecins amis de la vérité, admettent comme possible l'importation de la peste, de la fièvre jaune, et même celle du choléra-morbus de l'Inde, puisque les annales de la médecine renferment plusieurs faits qui la consacrent. Or, que peuvent contre ces faits toutes les criailleries des incrédules (1)?

Il est donc évident que les libres communications de l'Europe avec certains pays ont de tout temps compromis son état sanitaire, et qu'aujourd'hui encore elles méritent une grande défiance. Cependant le besoin d'un nouveau code quarantenaire est généralement senti, et tout fait présumer qu'on y admettra la traversée comme temps de séquestration. Mais sur quelles garanties s'appuiera-t-on pour juger de l'État sanitaire d'un vaisseau? Se contentera-t-on du simple énoncé de la patente? Des faits nombreux prouvent qu'elle peut à peine établir une simple présomption. *La peste et la fièvre jaune ont éclaté très-souvent pendant la traversée sur des bâtiments qui avaient patente nette. Ce dernier cas échéant, qui pourra, du reste, apprécier le caractère de la maladie qui naîtra ainsi spontanément, établir une comparaison entr'elle et celle qui est endémique dans le pays qu'on vient de quitter? Qui pourra, en un mot, éclairer les autorités sanitaires par une déclaration exacte et consciencieuse? Sera-ce le capi-*

---

(1) M. le docteur Gueit, médecin de la marine, qui a long-temps habité l'Inde et qui ne croit pas à la contagion du choléra, me disait, il y a peu de jours, qu'il n'élevait pas le moindre doute sur la possibilité de son importation.

taine qui, étranger à l'art de guérir, a de plus un grand intérêt
à taire la vérité, ou bien des médecins spéciaux qui ne seront
placés sur les bâtiments que pour y surveiller avec attention la
provenance, l'état des passagers et des marchandises, et qui,
tenus par les réglements d'entrer en relation avec les autorités
médicales des divers ports où ils aborderont, seront toujours
parfaitement au courant de leur état sanitaire général ? La
réponse est-elle difficile pour quelqu'un (1) ?

Du reste, abstraction faite de ce qui a trait à la question sanitaire,
l'embarquement de médecins sur les navires du commerce qui
fréquentent certains parages est souhaité par tous les amis de l'humanité, et tous s'accordent à dire qu'il ne doit pas être subordonné
au chiffre de l'équipage, mais bien à la nature de la campagne. Telle
est l'opinion qu'exprimait dernièrement à M. le professeur Roux
de Brignoles, et à moi-même, le savant et modeste Gaimard, dont la
compétence ne pourra je l'espère être mise en doute. « Il est ridicule,
nous disait-il, de voir souvent des navires destinés pour les pays les
plus malsains et les plus éloignés s'affranchir de l'embarquement
du médecin, par ce seul motif, que le nombre de leurs matelots n'atteint pas le chiffre déterminé par le réglement, tandis que, dans
d'autres circonstances, ce même médecin est imposé à des bâti-
mens qui ne fréquentent que des contrées tout-à-fait exemptes de
maladies, et cela parce qu'ils ont un ou deux matelots de plus que
les autres. » Notre législation maritime est, en effet, vicieuse sous
ce rapport, facile à éluder et permet une foule d'abus qu'il serait

(1) On assure que la quarantaine de Constantinople doit être prochainement
modifiée pour deux motifs; le premier, parce que les mesures sanitaires contre
les provenances de l'Egypte y sont parfaitement exécutées; le second, parce que
depuis que ces mesures sont en vigueur, la peste n'a plus paru à Constantinople; d'où l'on peut conclure que cette maladie y était toujours importée. Ce
raisonnement est très-spécieux et je suis très-porté à l'admettre, toutefois je
ferai observer que la fièvre jaune, qui est endémique aux Antilles, en a dis-
paru pendant douze ans pour y renaître ensuite avec plus de fureur; le temps
seul peut juger de telles questions et une expérience de quelques années
ne saurait suffire.

trop long de signaler ici, mais qui sont à la connaissance de tout le monde (1).

Ainsi la nécessité de l'embarquement de médecins sur certains bâtiments du commerce me paraît une vérité démontrée et il devient évident, d'après ce que je viens d'exposer à ce sujet, que ces médecins seraient plutôt des fonctionnaires publics, que des employés particuliers; le gouvernement aurait au moins autant à faire pour eux que les armateurs, et il ne faut pas perdre de vue un seul instant que les progrès de l'hygiène navale et la création d'un corps d'officiers de santé du commerce devant amener d'importantes réformes dans le système sanitaire, et épargner, soit aux armateurs, soit à l'État, les dépenses les plus onéreuses: on pourrait rétribuer convenablement ces médecins, et réaliser néanmoins une immense économie. Il me serait facile de prouver, par des chiffres, l'exactitude de cette assertion; mais, outre que les bornes de ce travail s'y opposent, je ne crois pas nécessaire de m'appesantir davantage sur un point qui ne sera pas contesté. Les frais énormes qu'entraîne notre système sanitaire actuel sont assez connus de chacun, pour qu'il me soit permis de n'en rien dire ici.

La question des quarantaines se rattache donc très-intimement à l'hygiène navale, et je ne saurais m'empêcher, en terminant mes réflexions à ce sujet, de faire observer ici que mon amour des mesures sanitaires est loin d'être aussi ridicule, aussi exagéré que cherchent à le faire croire quelques médecins. Rien dans les écrits que j'ai publiés sur cette matière n'autorise à penser ainsi (2). *M. de Segur-Dupeyron, inspecteur-général de des Lazarets de France, me l'a exprimé à son passage à Mar-*

_____

(1) Il y a quelque temps que le journal le *Sémaphore* de Marseille donnait, sur la composition des coffres à médicaments des bâtiments du commerce, et sur la qualité des drogues qu'on y fait entrer, les détails les plus fâcheux et qui viennent à l'appui de cette manière de voir.

(2) De l'Importation de la Fièvre jaune, in-8°, 1840. — Observations sur l'Intoxication miasmatique, in-8°, 1843. — De la nature et des causes de la Fièvre jaune, in-8°, 1841. — Un Mot sur les Maladies Pestilentielles, in-8°, 1841.

seille , et a pu, du reste , apprécier mon désintéressement dans la question. Loin de vouloir entraver le mouvement qui pousse à la suppression des quarantaines , je m'y associe de grand cœur , mais en indiquant la seule voie par laquelle on peut arriver à la solution de ce problème important , sans compromettre la santé publique et la responsabilité du gouvernement.

Maintenant que j'ai démontré en peu de lignes combien est vaste et intéressant le domaine de l'hygiène navale, et combien il importe au gouvernement d'en favoriser les progrès , je demanderai sur quoi l'on peut raisonnablement s'appuyer, lorsqu'on affirme avec assurance que cette science peut être enseignée en cinq ou six leçons ? Une assertion aussi extraordinaire doit être définitivement relevée , et, pour la faire rentrer dans le néant , il me suffira d'exposer en peu de mots le plan auquel je m'efforcerai de me conformer pendant mon cours d'hygiène navale à l'école de médecine.

Je l'ai divisé en trois parties principales.

Dans la première je traiterai : *de l'hygiène navale sur la côte orientale du Mexique* (Vera-Cruz et Tampico), *à la Nouvelle-Orléans, aux grandes et petites Antilles, à Cayenne, au Sénégal, sur la côte de Guinée , à Madagascar, dans l'Inde , enfin dans toutes les contrées chaudes et humides de la zone torride que fréquentent le plus les marins de Marseille.*

Je rattacherai, à cette partie de mon cours , une histoire de la fièvre jaune , sous le rapport de l'hygiène publique. L'étiologie et la prophylactique de ce fléau, de la fièvre typhoïde , des fièvres intermittentes simples et pernicieuses , du choléra-morbus , de la dyssenterie épidémique et de toutes les maladies qui sont particulières aux contrées intertropicales. J'en signalerai même quelques-unes qui ne sont en général connues que des médecins de la marine , et dont les livres ne font pas mention.

L'esclavage existant encore dans les Colonies, je parlerai de l'influence qu'il a nécessairement exercé sur le moral , et par suite sur la santé générale des populations et sur leur

idiosyncrasie. Peut-être resterai-je au-dessous de ce sujet si élevé, mais il est de mon devoir de m'y arrêter, ne fût-ce que pour quelques instants, et pour marquer la place qui lui revient dans le cadre de l'hygiène navale.

Chaque organisation sociale établissant un régime particulier, un genre d'habitude, d'éducation, etc., doit agir nécessairement sur la santé et le tempérament des peuples qui la subissent; et je crois inutile d'ajouter que ce n'est pas seulement sur le physique que cette cause puissante agit, mais bien encore sur le moral. Le père de la médecine, à qui rien n'échappait, a consacré cette vérité dans ses écrits. Il attribue la timidité et la servilité des peuples de l'Asie aux institutions despotiques qui les régissent; en effet, on comprend sans peine que de l'étude approfondie du gouvernement d'une nation, doit découler nécessairement la connaissance de ses qualités physiques et morales, et que, d'un autre côté, l'appréciation exacte de ces dernières peut conduire à porter sur le gouvernement lui-même, un jugement certain. Quoi qu'on puisse en dire, l'anthropologie devrait être le point de départ des études de l'homme d'état, car pour acquérir la Science des rapports et des intérêts des nations entr'elles, il faut commencer par observer leur caractère, leurs mœurs aux points de vue de la physiologie et de l'hygiène. Si la carrière de la diplomatie était ouverte aux médecins, les succès qu'ils y obtiendraient indubitablement démontreraient toute la vérité de cette assertion.

Quoi qu'il en soit, dans cette même partie de mon cours, j'examinerai l'action particulière qu'exercent sur l'économie la lumière et l'électricité. J'étudierai les effets de ce premier agent sur l'homme sain et sur l'homme malade. Je rechercherai le rôle qu'il joue dans l'étiologie des maladies intertropicales, et dans la production des épidémies. Je n'omettrai pas, du reste, de parler de certains phénomènes physiques qui se rattachent évidemment à l'électricité, tels sont, par exemple, les tremblements de terre, les ouragans, qui précèdent trop souvent les plus affreuses épidémies. Toutes les

*observations que je rapporterai sur cette intéressante matière
ont été faites par moi pendant mon séjour au Mexique et aux
Antilles, et ont déjà servi en partie de sujet à un mémoire
que j'ai adressé, il y a environ trois ans, à la Société royale
de médecine de Bordeaux, l'une des plus illustres compagnies
médicales de France, et par qui je m'honorerai toujours d'avoir
été encouragé à mes débuts (1).*

Dans la seconde partie, *je m'occuperai de l'hygiène navale
dans les contrées les plus malsaines du littoral méditerranéen,
telle que : l'Egypte, la Syrie, l'Asie mineure, Constantinople,
certains points de l'Archipel, de la Grèce, des îles de Corse et de
Sardaigne, de l'Algérie, etc., etc.; l'étiologie, la prophylactique
de la peste, une histoire de cette maladie depuis Hippocrate
jusqu'à notre époque, trouveront leur place dans cette partie
de mon cours ; j'y traiterai aussi de la lèpre, de l'éléphan-
tiasis, du bouton d'Alep, de l'ophtalmie d'Égypte et des nombreuses affections cutanées qui sont si communes dans les villes
d'Orient.*

Enfin, dans la 3ᵐᵉ partie, *je traiterai de l'hygiène navale sur
le grand banc de Terre-Neuve, dans les contrées où les marins
vont pêcher la baleine, et en général dans tous les climats
froids et humides. Ici, je parlerai de la prophylactique du
rhumatisme, du scorbut, des affections catarrhales et d'autres maladies qui se développent dans ces climats avec une
violence et une rapidité étonnantes. Je terminerai par l'hygiène
navale, telle que l'ont conçue MM. Délivet, Kéraudren et Forget,
c'est-à-dire, qu'après avoir fait la topographie médicale du
vaisseau en général, je parlerai des influences physiques et
morales qui résultent de son habitation.*

La matière est à la fois si vaste et si neuve, qu'après avoir
épuisé les documents que j'ai recueillis, ceux qu'ont bien voulu
me fournir mes honorables chefs et collègues de la marine, les

_____

(1) Ce mémoire m'a valu une médaille d'or, le titre de correspondant et
d'honorables témoignages de la part de cette société.

corps savants auxquels j'appartiens , ma tâche restera encore incomplète ; *mais j'aurai indiqué la route à suivre pour constituer définitivement l'hygiène navale, pour donner à cette science
la place qu'elle mérite d'occuper parmi les plus importantes
branches de la médecine, et dès lors j'aurai rendu un grand
service, non-seulement aux marins, mais encore à la société
tout entière.* Je suis convaincu , du reste, que la haute perspica-
cité de Son Exc. Monsieur le Ministre de l'instruction publique et
sa sollicitude pour les progrès des lumières , le porteront à diri-
ger sur l'école de Marseille tous les documents d'hygiène nauti-
que dont il pourra disposer. Une foule de topographies médicales
qui se rattachent à mon sujet, dorment enfouies dans les bibliothè-
ques. Il sera facile de les faire rassembler et de me les confier ,
ne fût-ce que pour quelques mois ; avec ce secours et ceux que le
département de la marine pourra me fournir , je ne crains pas
d'avancer que j'arriverai à réaliser une œuvre scientifique d'un
haut intérêt dont je m'occupe depuis long-temps , mais qu'en-
trave le manque de matériaux. Cette œuvre, qui est digne de tous
les encouragements de l'autorité , est un traité complet d'hygiène navale qui manque encore à la science et à l'humanité (1).
Jusqu'ici les navigateurs n'ont pu se préserver que des seuls
dangers de la mer , à l'aide de la boussole, des cartes, des por-
tulans et du baromètre qui leur prédit la tempête ; quand donc

(1) Trois ministères me paraissent appelés à contribuer aux progrès et à
l'application de l'hygiène navale : le ministère de la marine doit charger
ses médecins voyageurs de recueillir tous les documents de topographie
médicale qui nous manquent encore et qui, réunis à ceux que peuvent fournir les annales maritimes et les archives des divers ports, doivent com-
pléter l'hygiène navale. Au ministère du commerce appartient la création
des médecins sanitaires, et tout ce qui a rapport à leur embarquement. Enfin,
le ministère de l'instruction publique, après avoir reçu tous les documents
qui concernent l'hygiène navale, doit en confier la mise en ordre à des
hommes spéciaux, et prendre toutes les mesures propres à assurer l'enseignement de cette science dans les écoles médicales maritimes et même
dans les facultés.

pourront-ils emporter, avec ces guides précieux, un autre guide non moins indispensable, qui pourra leur apprendre à éviter les innombrables écueils qui menacent leur santé et leur vie dans les régions lointaines où les conduisent les spéculations du commerce et le service de l'état?

Je vais résumer, en terminant et sous forme de propositions, les diverses vérités que j'ai essayé de faire connaître dans ce court opuscule :

1° *Comme corps de science, l'hygiène navale n'est encore constituée qu'à demi; sa partie la plus intéressante n'a pas été traitée.*

2° *Aux progrès, à l'enseignement, à l'application de l'hygiène navale, sont attachés des avantages sociaux, incontestables, tels, par exemple, qu'une grande économie d'hommes et d'argent pour le commerce et pour l'état, etc., etc.*

3° *La solution de la question des quarantaines est subordonnée à l'assainissement du littoral du Levant, des Antilles, etc.; à la destruction des sources des endémies; et puisque l'hygiène navale doit s'appliquer spécialement à signaler ces sources, on peut en conclure que c'est à elle à débarrasser un jour le commerce des entraves que lui opposent les mesures sanitaires.*

4° *En attendant la destruction des sources de la peste et de la fièvre jaune, l'hygiène publique ne pourra être garantie que par l'embarquement de médecins instruits en hygiène navale, à bord des bâtiments qui trafiquent dans le Levant, aux Antilles, etc.*(1).

(1) Cinq jours de quarantaine pour les provenances des Antilles, depuis le commencement de mai jusqu'à la fin d'octobre, me paraîtraient suffisants pour garantir la santé publique dans le cas où il n'y aurait pas eu de malades pendant la traversée; mais il faudrait que pendant ces cinq jours on n'omît aucune des mesures hygiéniques suivantes : 1° ouvrir les écoutilles loin de tout lieu habité, remuer les marchandises et renouveler l'air de la cale; 2° pomper l'eau croupie qui pourrait en occuper le fond et la remplacer par de l'eau fraîche; 3° faire laver tout le linge sale, particulièrement les objets de literie, ouvrir et visiter minutieusement les malles des passagers. De telles mesures exécutées rigoureusement et en présence d'un médecin quarante-

5° *Tout système sanitaire qui n'admettra pas l'embarquement de ces médecins, comme une nécessité, et qui néanmoins fera compter la traversée comme temps de séquestration, péchera par la base et sera compromettant pour la santé publique. Du reste, abandonner plus long-temps les marins à leur médecin de papier pendant certains voyages, c'est méconnaitre les droits les plus sacrés de l'humanité.*

6° *Le gouvernement ne doit rien négliger pour encourager les progrès de l'hygiène navale dans les grandes places maritimes et commerciales du royaume, et favoriser de tout son pouvoir la réunion en faisceau des documents qui appartiennent à cette science.*

7° *Enfin, les personnes qui n'ont pas fait une étude spéciale de l'hygiène navale, devraient s'abstenir de la juger et de la proclamer stérile et bornée. Lorsqu'on ne connait de la marine et des marins, que ce qu'on a pu en lire dans les romans de M. Sue, on ne devrait jamais se permettre de faire la leçon à des hommes qui ont vieilli sur la mer, dans les contrées lointaines et qui, ayant vu de près les plus terribles fléaux, peuvent en parler sciemment. A eux seuls aussi à apprécier, à leur juste valeur, l'étendue, le but et l'application de l'hygiène navale; leur expérience en cette matière ne peut être contestée. Toute question scientifique veut être étudiée, approfondie avant d'être jugée; et il y a long-temps qu'un auteur a dit avec beaucoup de justesse :*

La critique est aisée, et l'art est difficile.

naire, seraient certainement efficaces. D'octobre en avril, la quarantaine pourrait être supprimée. Je suis partisan de la réforme quarantenaire, mais à condition que le nouveau réglement sera une vérité.

POST-SCRIPTUM.

Après avoir entendu ce travail qui a sérieusement captivé son attention et remercié l'auteur, par l'organe de son président, la Société Royale de Médecine se prononce en masse et d'une manière formelle pour la nécessité de l'embarquement de médecins sur les bâtiments qui fréquentent les contrées intertropicales. Ce corps savant trouve qu'il n'y a ni humanité ni raison à abandonner à eux-mêmes, ainsi qu'on le fait journellement, des hommes qui vont trafiquer sous les climats les plus meurtriers. Plusieurs de ses membres prennent successivement la parole, pour citer des exemples qui justifient cette opinion. Parmi ces faits, on remarque les suivants :

Un bâtiment de Marseille perd, sur la côte occidentale d'Afrique, la presque totalité de son équipage (12 hommes) de la fièvre pernicieuse, parce que le sulfate de quinine conseillé par le médecin de papier, n'est administré ni en temps opportun ni à dose convenable. (M. Ulo.)

Un habitant du Sénégal vient en France pour ses affaires. En approchant du détroit, le changement de température développe chez lui une pleurésie aiguë; personne n'ayant pu le saigner, il arrive à Marseille avec un épanchement thoracique considérable, qui nécessite l'opération de l'empyème et amène la mort. (M. Sollier.)

Un matelot se casse la jambe à la mer, la réduction de la frac-
ture est mal faite, le bandage trop serré et la gangrène s'emparant
du membre, le malade succombe (M. Beuil.)

Enfin, le secrétaire général de la Société donne les détails les
plus affligeants sur la composition des coffres à médicaments des
navires de commerce, et sur la qualité des substances qu'on y fait
entrer; il pense que le gouvernement doit prendre les mesures les
plus sévères pour mettre un terme à des abus qui portent atteinte
aux droits les plus sacrés de l'humanité (1).

Quant aux idées de l'auteur sur les moyens de constituer
l'hygiène navale, sur l'incontestable utilité de son enseignement,
sur les bienfaits sociaux qui doivent découler de son application,
la Société Royale de Médecine leur accorde toutes ses sympathies,
parce qu'elle les croit bonnes. *Toutefois, elle s'abstient d'ap-*
prouver ou de désapprouver la partie de ce mémoire qui a trait
à la solution du problème sanitaire, par ce seul motif qu'elle
veut rester fidèle à la réserve qu'elle s'est imposée depuis long-
temps sur cette grave question.

(1) Le père de l'un des plus honorables membres de la Compagnie,
M. Fouillot, atteint de gastro-entérite pendant la traversée de Marseille à
Cayenne, succomba faute de soins. « Le défaut de circulation de l'air, dit
M. Fouillot, l'encombrement, une mauvaise alimentation firent éclater des
maladies pendant la traversée. Elles prirent toutes un caractère grave par
le manque de médecin et par l'insuffisance des moyens pharmaceutiques
que l'armateur avait mis à la disposition du capitaine. Mon malheureux père
fut le premier victime de ce calcul sordide; se voyant perdu, il nous adressa,
de son lit de mort, une lettre déchirante dans laquelle il signalait les causes
de sa fin prématurée.

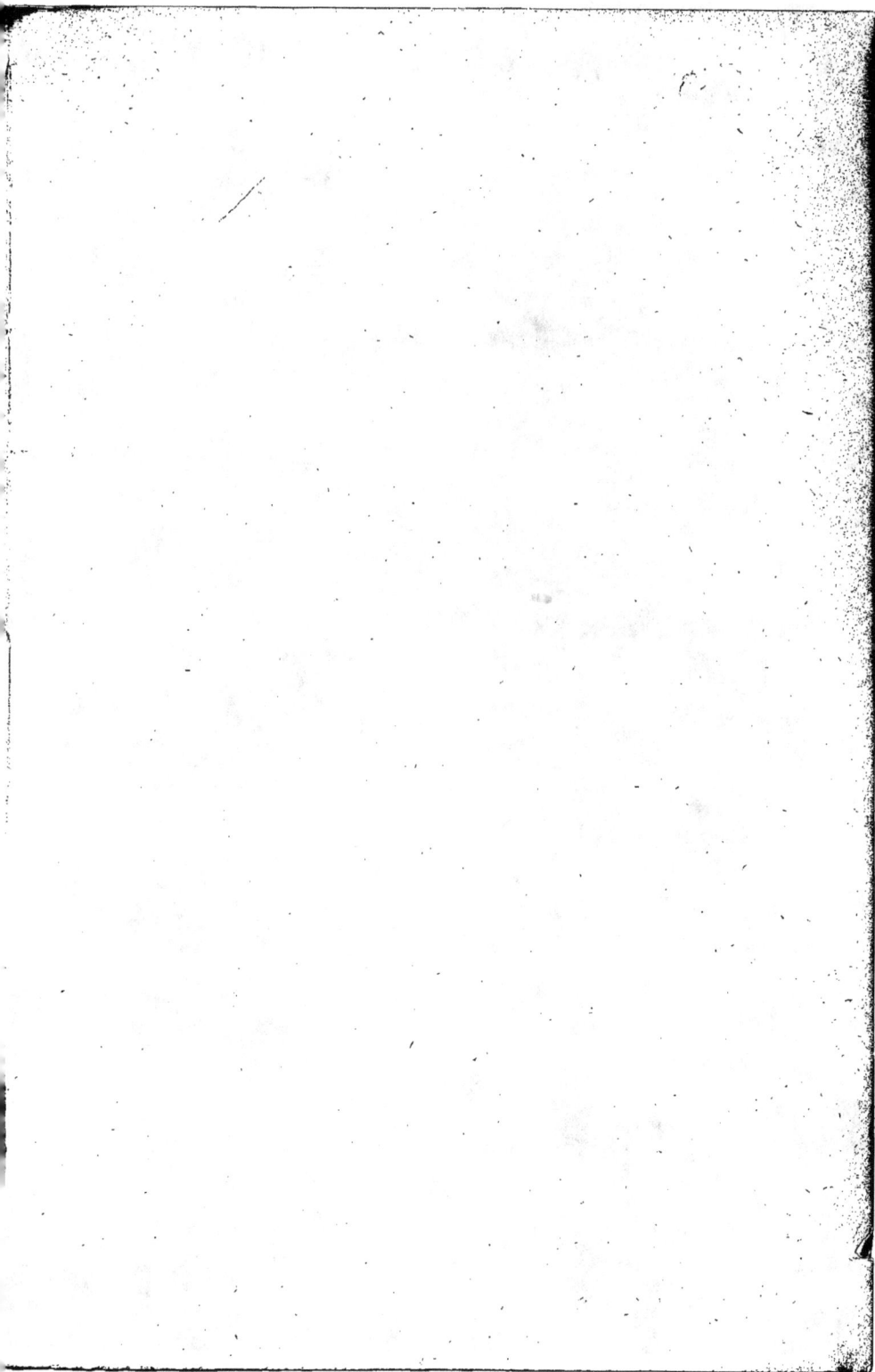

www.ingramcontent.com/pod-product-compliance
Lightning Source LLC
Chambersburg PA
CBHW070801220326
41520CB00053B/4741